Impressum
Verlag: BABADADA GmbH, Nedderfeld 112 , 22529 Hamburg
Geschäftsführer / Verlagsleitung: Harald Hof
Druck: Books on Demand GmbH, In de Tarpen 42, 22848 Norderstedt

Imprint
Publisher: BABADADA GmbH, Nedderfeld 112 , 22529 Hamburg, Germany
Managing Director / Publishing direction: Harald Hof
Print: Books on Demand GmbH, In de Tarpen 42, 22848 Norderstedt

salle de classe
classe

diviser
dividir

186/2

tableau noir
tauler

cour de récréation
pati (de l'escola)

enseignant
professor

papier
paper

écrire
escriure

stylo
estilogràfica

bureau
escriptori

règle
regle

livre
llibre

élève
estudiant

sac d'école

bossa

trousse

estoig

crayon

llapis

taille-crayon

maquineta de fer punta

gomme

goma

carnet à dessin

bloc de dibuix

dessin

dibuix

pinceau

pinzell

boîte de peinture

capsa de pintures

ciseaux

tisores

colle

cola

cahier d'exercices

quadern d'exercicis

tâches

deures

chiffre

nombre

additionner

afegir

soustraire

sostreure

multiplier

multiplicar

calculer

calcular

lettre

lletra

alphabet

alfabet

mot

mot

texte

text

lire

llegir

craie

guix

leçon

lliçó

livre de classe

llibre de classe

examen

examen

certificat

certificat

uniforme scolaire

uniforme escolar

formation

formació

lexique

enciclopèdia

université

universitat

microscope

microscopi

carte

mapa

corbeille à papier

paperera

hôtel
hotel

auberge
alberg

bureau de change
oficina de canvi

valise
maleta

voiture
automòbil

langue

llengua

oui / non

sí / no

d'accord

D'acord

Salut

Ey!

interprète

traductora

merci

gràcies

Combien coûte...?

Quant costa... ?

Je ne comprends pas

No entenc

problème

problema

Bonsoir!

Bona nit!

Bonjour!

bon dia!

Bonne nuit!

bona nit!

Au revoir

fins aviat

direction

direcció

bagages

bagatge

sac

bossa

sac-à-dos

sarrona

hôte

convidat

pièce

cambra

sac de couchage

sac de dormir

tente

tenda

office de tourisme

oficina de turisme

plage

platja

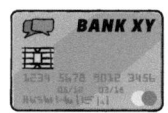

carte de crédit

carta de crèdit

petit-déjeuner

esmorzar

déjeuner

dinar

dîner

sopar

billet

bitllet

ascenseur

ascensor

timbre

segell

frontière

frontera

douane

duana

ambassade

ambaixada

visa

visat

passeport

passaport

avion
vol

navire
vaixell

véhicule de pompiers
automòbil dels bombers

bus
bus

camion
camió

bateau à moteur
llanxa de motor

voiture
automòbil

bicyclette
bicicleta

ferry

transbordador

barque

barca

moto

moto

voiture de police

automòbil de policia

voiture de course

automòbil de curses

voiture de location

automòbil de lloguer

autopartage

vehicle compartit

dépanneuse

grua

benne à ordures

camió de les escombraries

moteur

motor

essence

benzina

station d'essence

benzineria

panneau indicateur

senyal de trànsit

trafic

trànsit

embouteillage

embús

parking

aparcament

gare

estació de trens

rails

vies

train

tren

tram

tramvia

wagon

vagó

hélicoptère

helicòpter

aéroport

aeroport

tour

torre

passager

passatger

container

contenidor

carton

capsa de cartó

chariot

carretó

corbeille

cistella

décoller / atterrir

enlairar-se / aterrar

## ville
## ciutat

village

poble

centre-ville

centre de la ciutat

maison

casa

cinéma
cinema

publicité
anunci

réverbère
fanal

rue
carrer

taxi
taxista

kiosque
quiosc

piéton
pedestre

CINEMA

trottoir
vorera

passage piéton
pas de zebra

ubelle
lleda d'escombraries

carrefour
encreuament

feux de circulation
semàfor

cabane
cabana

appartement
apartament

gare
estació de trens

mairie
casa de la vila-ciutat

musée
museu

école
escola

université
universitat

banque
banca

hôpital
hospital

hôtel
hotel

pharmacie
farmàcia

bureau
oficina

librairie
llibreria

magasin
botiga

fleuriste
floristeria

supermarché
supermercat

marché
mercat

grand magasin
gran magatzem

poissonnerie
peixateria

centre commercial
centre comercial

port
port

parc
parc

banque
banc

pont
pont

escaliers
escala

métro
metro

tunnel
túnel

arrêt de bus
parada d'autobús

bar
bar

restaurant
restaurant

boîte à lettres
bústia de correu

panneau indicateur
senyal indicador

parcomètre
parquímetre

zoo
zoo

réverbère
piscina

mosquée
mesquita

ferme

granja

pollution

pol·lució

cimetière

cementiri

église

església

aire de jeux

parc infantil

temple

temple

## paysage
## paisatge

feuille
fulla

panneau indicateur
cartell indicador

chemin
camí

pré
prat

pierre
pedra

arbre
arbre

randonneur
excursionista

rivière
riu

herbe
gespa

fleur
flor

vallée
vall

montagne
muntanya

lac
llac

forêt
bosc

désert
desert

volcan
volcà

château
castell

arc-en-ciel
arc de Sant Martí

champignon
bolet

palmier
palmera

moustique
moscard

mouche
mosca

fourmis
formiga

abeille
abella

araignée
aranya

scarabée

escarabat

grenouille

granota

écureuil

esquirol

hérisson

eriçó

lapin

llebre

chouette

òliba

oiseau

ocell

cygne

cigne

sanglier

senglar

cerf

cervo

élan

ant

barrage

presa

éolienne

turbina

panneau solaire

panell solar

climat

clima

serveur
cambrer

menu
menú

chaise
cadira

soupe
sopa

pizza
pizza

services
coberts

nappe
tovalla

hors d'œuvre
primer plat

plat principal
plat principal

dessert
darreries

boissons
begudes

alimentation
menjar

bouteille
ampolla

fast-food

menjar ràpid

plats à emporter

menjar de carrer

théière

tetera

sucrier

sucrer

portion

porció

machine à expresso

màquina d'espresso

chaise haute

trona

facture

factura

plateau

plata

couteau

ganivet

fourchette

forqueta

cuillère

cullera

cuillère à thé

cullereta

serviette

tovalló

verre

got

assiette

plat

assiette à soupe

plat de sopa

soucoupe

plateret

sauce

salsa

salière

saler

moulin à poivre

molinet de pebre

vinaigre

vinagre

huile

oli

épices

espècies

ketchup

quètxup

moutarde

mostassa

mayonnaise

maionesa

# supermarché
## supermercat

offre promotionnelle
oferta especial

client
client

produits laitiers
productes lactis

fruits
fruites

caddie
carret de la compra

boucherie
carnisseria

boulangerie
forn de pa

peser
pesar

légumes
verdures

viande
carn

aliments surgelés
menjar congelat

charcuterie

carn freda

conserves

conserves

poudre à lessive

detergent en pols

bonbons

dolços

articménagers

articles domèstics

détergents

productes de neteja

vendeuse

venedora

caisse

caixa registradora

caissier

caixera

liste d'achats

llista de la compra

heures d'ouverture

horari d'obertura

portefeuille

portamonedes

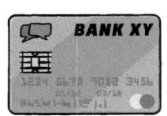

carte de crédit

carta de crèdit

sac

bossa

sac en plastique

bossa de plàstic

eau

aigua

jus de fruit

suc

lait

llet

coca

coca-cola

vin

vi

bière

cervesa

alcool

alcohol

chocolat chaud

cacau

thé

te

café

cafè

expresso

espresso

cappuccino

cappuccino

banane
banana

pomme
poma

orange
taronja

melon
síndria

citron
llimona

carotte
pastanaga

ail
all

bambou
bambú

oignon
ceba

champignon
bolet

noisettes
avellanes

pâtes
fideus

spaghettis

espaguetis

riz

arròs

salade

amanida

frites

patates fregides

pommes de terre rôties

patates fregides

pizza

pizza

hamburger

hamburguesa

sandwich

entrepà

escalope

escalopa

jambon

cuixot

salami

salami

saucisse

salsitxa

poulet

pollastre

rôti

rostit

poisson

peix

flocons d'avoine
...............
flocs de civada

muesli
...............
musli

cornflakes
...............
cereals

farine
...............
farina

croissant
...............
croissant

petits-pains
...............
panet

pain
...............
pa

pain grillé
...............
torrada

biscuits
...............
bescuits

beurre
...............
mantega

fromage blanc
...............
mató

gâteau
...............
pastís

œuf
...............
ou

œuf au plat
...............
ou fregit

fromage
...............
formatge

glace

gelat

sucre

sucre

miel

mel

confiture

melmelada

crème nougat

crema de xocolata

curry

curri

ferme
granja

grange
graner

botte de paille
bala de palla

champ
camp

cheval
cavall

remorque
remolc

poulain
poltre

tracteur
tractor

âne
ase

agneau
xai

mouton
ovella

chèvre

cabra

vache

vaca

veau

vedella

porc

porc

porcelet

garrí

taureau

bou

oie
oca

canard
ànec

poussin
poll

poule
gall

coq
gallina

rat
rata

chat
gat

souris
ratolí

bœuf
bou

chien
gos

chenil
gossera

tuyau de jardin
mànega de regar

arrosoir
regadora

faucheuse
dalla

charrue
arada

faucille

falç

pioche

aixada

fourche

forca

hache

destral

brouette

carretó

cuve

abeurador

pot à lait

lletera

sac

sac

clôture

tanca

étable

establa

serre

hivernacle

sol

sòl

semences

llavor

engrais

adob

moissonneuse-batteuse

collidora

récolter

collir

récolte

collita

igname

nyam

blé

blat

soja

soja

pomme de terre

patata

maïs

blat de moro o d'indi

colza

colza

arbre fruitier

arbre fruiter

manioc

mandioca

céréales

cereals

cheminée
fumera

toit
teulada

gouttière
canaló

fenêtre
finestra

garage
garatge

sonnette
campana

porte
porta

poubelle
galleda de les escombraries

boîte aux lettres
bústia de correu

jardin
jardí

salon

sala d'estar

chambre de bain

bany

cuisine

cuina

chambre à coucher

cambra de dormir

chambre d'enfant

cambra de nen

salle à manger

menjador

sol
........................
sòl

mur
........................
paret

plafond
........................
sostre

cave
........................
soterrani

sauna
........................
sauna

balcon
........................
balcó

terrasse
........................
terrassa

piscine
........................
piscina

tondeuse à gazon
........................
tallagespa

fourre de duvet
........................
vànova

couette
........................
cobrellit

lit
........................
llit

balai
........................
escombra

sceau
........................
galleda

interrupteur
........................
interruptor

papier peint
paper de paret

image
quadre

lampe
làmpada

étagère
prestatge

armoire
armari

cheminée
escalfapanxes

télé
televisor

fleur
flor

coussin
coixí

canapé
sofà

vase
gerro

télécommande
telecomanda

| | | |
|---|---|---|
|  |  |  |
| tapis | rideau | table |
| catifa | cortina | taula |
|  |  |  |
| chaise | chaise à bascule | fauteuil |
| cadira | cadira gronxadora | cadiral |

livre

llibre

couverture

llençol

décoration

decoració

bois de chauffage

llenya

film

film

chaîne hi-fi

cadena de música

clé

clau

journal

diari

peinture

pintura

poster

cartell

radio

ràdio

bloc-notes

bloc de notes

aspirateur

aspiradora

cactus

cactus

bougie

candela

frigo
refrigerador

four à micro-ondes
microones

balance de cuisine
balança de cuina

toasteur
torradora

détergent
detergent per a plats

four
forn

compartiment congélateur
congelador

poubelle
galleda de les escombraries

lave-vaisselle
rentaplats

four
.................
cuina de fogons

casserole
.................
olla

marmite
.................
olla de ferro colat

wok/kadai
.................
wok / karahi

poêle
.................
paella

bouilloire électrique
.................
bullidor

**cuiseur vapeur**

olla de vapor

**plaque de cuisson**

plata de forn

**vaisselle**

vaixella

**gobelet**

tassa grossa

**bol**

bol

**baguettes**

bastonets xinesos

**louche**

culler

**spatule**

espàtula

**fouet**

batedor

**passoire**

colador

**tamis**

sedàs

**râpe**

ratllador

**mortier**

morter

**barbecue**

barbacoa

**cheminée**

foc a terra

planche à découper

taula de tallar

rouleau à pâtisserie

corró

tire-bouchon

llevataps

boîte

pot de conserva

ouvre-boîte

obridor

maniques

agafador

lavabo

aigüera

brosse

raspall

éponge

esponja

mixeur

batedora

congélateur

congelador

biberon

biberó

robinet

aixeta

chauffage
calefacció

douche
dutxa

serviette
tovallola

rideau de douche
cortina de dutxa

bain moussant
bany de bombolles

baignoire
banyera

verre
got

machine à laver
rentadora

robinet
aixeta

carrelage
rajoles

pot
orinal

lavabo
aigüera

toilettes

lavabo

toilette à turque

lavabo turc

bidet

bidet

urinoir

orinador

papier toilette

paper higiènic

brosse à toilette

escombreta de sanitari

brosse à dents

raspall de dents

dentifrice

pasta de dents

fil dentaire

fil dental

laver

rentar

douche manuelle

pom de dutxa

douche intime

dutxa íntima

vasque

rentamans

brosse dorsale

raspall per a l'esquena

savon

sabó

gel douche

gel de dutxa

shampooing

xampú

gant de toilette

manyopla de bany

écoulement

bonera

crème

crema

déodorant

desodorant

miroir

mirall

miroir cosmétique

mirall-espill de mà

rasoir

maquineta de rasar

mousse à raser

espuma de barbejar

après-rasage

loció post-rasada

peigne

pinta

brosse

raspall

sèche-cheveux

eixugador

laque pour cheveux

laca

fond de teint

maquillatge

rouge à lèvres

pintallavis

vernis à ongles

esmalt d'ungles

ouate

cotó

coupe-ongles

tallaungles

parfum

perfum

trousse de toilette
estoig de bellesa

tabouret
tamboret

balance
bàscula

peignoir
barnús

gants de nettoyage
guants de goma

tampon
compresa higiènica

serviettes hygiéniques
compresa

toilette chimique
sanitari químic

réveil
despertador

doudou
animal de peluix

voiture jouet
auto de joguina

hochet
sonall

maison de poupée
casa de nines

cadeau
present

ballon

baló

lit

llit

poussette

cotxet per a nens

jeu de cartes

joc de cartes

puzzle

trencaclosca

bande dessinée

historieta

pièces lego

peces de lego

blocs de construction

peces de construcció

figurine

ninot d'acció

grenouillère

granota

frisbee

frisbee

mobile

mòbil per a bressol

jeu de société

joc de taula

dé

daus

train miniature

tren elèctric

sucette

xumet

fête

festa

livre d'images

llibre de dibuixos

balle

pilota

poupée

nina

jouer

jugar

bac à sable

sorrera

balançoire

gronxador

jouets

joguines

console de jeu

consola de jocs de vídeo

tricycle

tricicle

ours en peluche

osset de peluix

armoire

armari

## vêtements
## roba

chaussettes

mitjons

bas

mitges

collant

mitja pantaló

écharpe
tapacoll

parapluie
paraigua

t-shirt
camiseta

ceinture
cintura

bottes
botes

pantoufles
plantofes

baskets
sabates d'esport

sandales
sandàlies

chaussures
sabates

bottes de caoutchouc
botes de goma

linge de corps
calçonets

soutien-gorge
sostenidor

maillot de corps
guardapits

body

jjustacòs

pantalon

pantalons

jean

jeans

jupe

faldeta

chemisier

brusa

chemise

camisa

pull

jersei

pull-over à capuche

dessuadora

veste

blazer

veste

jaqueta

manteau

mantell

imperméable

impermeable

costume

vestit de dona

robe

vestit de dona

robe de mariée

vestit de núvia

costume

vestit d'home

chemise de nuit

camisa de dormir

pyjama

pijama

sari

sari

foulard

mocador de cap

turban

turbant

burqa

burca

caftan

caftan

abaya

abaia

maillot de bain

vestit de bany

costume de bain

calçon(et)s de bany

cuissettes

pantalons curts

tenue d'entraînement

xandall

tablier

davantal

gants

guants

bouton

botó

lunettes

ulleres

bracelet

braçalet

collier

collaret

bague

anell

boucle d'oreille

orellera

bonnet

casquet

cintre

penjador

chapeau

capell

cravate

corbata

fermeture éclair

cremallera

casque

casc

bretelles

elàstics

uniforme scolaire

uniforme escolar

uniforme

uniforme

bavoir
.................
pitet

sucette
.................
xumet

couche
.................
bolquer

serveur
servidor

armoire d'archivage
armari arxivador

imprimante
impressora

papier
paper

écran
monitor

souris
ratolí

bureau
escriptori

classeur
arxivador

clavier
teclat

corbeille à papier
paperera

chaise
cadira

ordinateur
ordinador

tasse à café
.................
tassa de cafè

calculatrice
.................
calculadora

internet
.................
Internet

ordinateur portable

ordinador portàtil

lettre

lletra

message

missatge

portable

mòbil

réseau

xarxa

photocopieuse

fotocopiadora

logiciel

programari

téléphone

telèfon

prise

presa de corrent

fax

fax

formulaire

formulari

document

document

acheter

comprar

payer

pagar

marchander

comerciar

monnaie

diners

dollar

dòlar

euro

euro

yen

ien

rouble

ruble

franc suisse

franc suís

renminbi yuan

renminbi

roupie

rupia

distributeur automatique

caixa automàtica

bureau de change

oficina de canvi

or

or

argent

argent

pétrole

petroli

énergie

energia

prix

preu

contrat

contracte

taxe

impost

action

acció

travailler

treballar

employé

treballador

employeur

empresari

usine

fàbrica

magasin

botiga

agent de police
oficial de policia

pompier
bomber

cuisinier
cuiner

médecin
doctora

pilote
pilot

jardinier
jardiner

menuisier
fuster

couturière
costurera

juge
jutge

chimiste
química

acteur
actor

conducteur de bus

conductor d'autobús

chauffeur de taxi

taxista

pêcheur

pescador

femme de ménage

dona de la neteja

couvreur

ensostrador

serveur

cambrer

chasseur

caçador

peintre

pintor

boulanger

forner

électricien

electricista

ouvrier

obrer de la construcció

ingénieur

enginyer

boucher

carnisser

plombier

llanterner

facteur

correu

soldat

soldat

architecte

arquitecte

caissier

caixera

fleuriste

florista

coiffeur

perruquer

contrôleur

revisor

mécanicien

mecànic

capitaine

capità

dentiste

dentista

scientifique

científic

rabbin

rabí

imam

imam

moine

monjo

prêtre

capellà

marteau
martell

pinces
tenalles

tournevis
descaragolador

clé
clau anglesa

torche
llanterna

pelleteuse

excavadora

boîte à outils

caixa d'eines

échelle

escala

scie

serra

clous

claus

perceuse

trepant

réparer

reparar

pelle

pala

Mince!

Maleït siga!

pelle

pala

pot de peinture

pot de pintura

vis

caragols

## instruments de musique

## instrument de música

haut-parleur
altaveu

batterie
bateria

guitare
guitarra

contrebasse
contrabaix

trompette
trompeta

piano
piano

violon
violí

basse
baix

timbales
timbal

tambour
tambor

piano électrique
teclat

saxophone
saxofon

flûte
flauta

microphone
micròfon

entrée
entrada

tigre
tigre

cage
gàbia

zèbre
zebra

alimentation animale
aliment per a animals

panda
ós panda

animaux
animals

éléphant
elefant

kangourou
cangurú

rhinocéros
rinoceront

gorille
goril·la

ours
ós

chameau

camell

autruche

estruç

lion

lleó

singe

simi

flamand rose

flamenc

perroquet

papagai

ours polaire

ós polar

pingouin

pingüí

requin

ca mari

paon

paó

serpent

serp

crocodile

cocodril

gardien de zoo

guardià del zoo

phoque

foca

jaguar

jaguar

poney

poni

léopard

lleopard

hippopotame

hipopòtam

girafe

girafa

aigle

àliga

sanglier

senglar

poisson

peix

tortue

tortuga

morse

morsa

renard

guineu

gazelle

gasela

american Football
futbol americà

cyclisme
ciclisme

tennis
tenis

basket-ball
bàsquet

natation
natació

boxe
boxa

hockey sur glace
hoquei sobre gel

football
.................
futbol americà

badminton
.................
bàdminton

athlétisme
.................
atletisme

handball
.................
handbol

ski
.................
esquí

polo
.................
polo

sauter
saltar

rire
riure

embrasser
abraçar

marcher
anar

chanter
cantar

rêver
somiar

prier
pregar

faire la bise
fer un petó

écrire
escriure

dessiner
dibuixar

montrer
mostrar

pousser
pitjar

donner
donar

prendre
prendre

activités - activitats

avoir

tenir

faire

fer

être

ésser

être debout

estar dret

courir

córrer

trier

estirar

jeter

llançar

tomber

caure

être couché

jeure

attendre

esperar

porter

portar

être assis

asseure's

s'habiller

vestir-se

dormir

dormir

se réveiller

despertar-se

regarder
mirar

pleurer
plorar

caresser
amoixar

peigner
pentinar

parler
parlar

comprendre
comprendre

demander
demanar

écouter
escoltar

boire
beure

manger
menjar

ranger
endreçar

aimer
estimar

cuire
cuinar

conduire
conduir

voler
volar

activités - activitats

faire de la voile
navegar

calculer
calcular

lire
llegir

apprendre
aprendre

travailler
treballar

se marier
casar-se

coudre
cosir

se brosser les dents
raspallar-se les dents

tuer
matar

fumer
fumar

envoyer
enviar

grand-mère
àvia

grand-père
avi

père
pare

mère
mare

bébé
nadó

fille
filla

fils
fill

hôte
convidat

tante
tia

oncle
oncle

frère
germà

sœur
germana

front
front

œil
ull

épaule
espatlla

doigt
dit

visage
cara

menton
barbeta

main
mà

poitrine
pit

jambe
cama

bras
braç

bébé

nadó

homme

home

femme

dona

fille

noia

garçon

noi

tête

cap

dos

esquena

ventre

panxa

nombril

melic

orteil

dit gros del peu

talon

taló

os

os

hanche

maluc

genou

genoll

coude

colze

nez

nas

fesses

cul

peau

pell

joue

galta

oreille

orella

lèvre

llavi

bouche
boca

dent
dent

langue
llengua

cerveau
cervell

cœur
cor

muscle
múscul

poumons
pulmó

foie
fetge

estomac
estómac

reins
ronyó

rapport sexuel
relació sexual

préservatif
preservatiu

ovule
ovari

sperme
semen

grossesse
prenyat

menstruation

menstruació

vagin

vagina

pénis

penis

sourcil

cella

cheveux

cabells

cou

coll

hôpital
hospital

ambulance
ambulància

fauteuil roulant
cadira de rodes

fracture
fractura

médecin

doctora

service des urgences

sala d'urgències

infirmière

infermera

urgence

urgència

inconscient

inconscient

douleur

dolor

blessure

ferida

hémorragie

sagnament

crise cardiaque

atac de cor

attaque cérébrale

apoplexia

allergie

al·lèrgia

toux

tos

fièvre

febre

grippe

gripa

diarrhée

diarrea

mal de tête

mal de cap

cancer

càncer

diabète

diabetis

chirurgien

cirurgià

scalpel

escalpel

opération

operació

CT

tomografia computada (TC),
TAC

radiographie

raigs x

échographie

ultrasò

masque

mascareta

maladie

malaltia

salle d'attente

sala d'espera

béquille

crossa

pansement

tireta

pansement

embenat

injection

injecció

stéthoscope

estetoscopi

brancard

llitera

thermomètre

termòmetre clínic

accouchement

pariment

surpoids

sobrepès

appareil auditif

aparell auditiu

désinfectant

desinfectant

infection

infecció

virus

virus

VIH / sida

VIH / SIDA

médicament

medicina

vaccination

vaccí

tablettes

comprimits

pilule

píl·lola

appel d'urgence

trucada d'urgència

tensiomètre

tensiòmetre

malade / sain

malalt / sà

alarme
...........
alarma

agression
...........
assalt

Au secours!
...........
Socors!

attaque
...........
atac

danger
...........
perill

sortie de secours
...........
sortida-eixida d'urgència

extincteur
...........
extintor

accident
...........
accident

Au feu!
...........
Foc!

trousse de premier secours
...........
farmaciola de primers
auxilis

SOS
...........
SOS

police
...........
policia

Europe

Europa

Amérique du Nord

Amèrica del Nord

Amérique du Sud

Amèrica del Sud

Afrique

Àfrica

Asie

Àsia

Australie

Austràlia

Océan atlantique

Atlàntic

Océan pacifique

Pacífic

Océan indien

Oceà Índic

Océan antarctique

Oceà Antàrtic

Océan arctique

Oceà Àrtic

Pônord

pol nord

Pôsud
pol sud

Antarctique
Antàrtida

terre
terra

pays
país

mer
mar

île
illa

nation
nació

état
estat

cadran

quadrant

aiguille des heures

agulla de les hores

aiguille des minutes

agulla dels minuts

aiguille des secondes

agulla dels segons

Quelle heure est-il?

Quina hora és?

jour

dia

temps

temps

maintenant

ara

montre digitale

rellotge digital

minute

minut

heure

hora

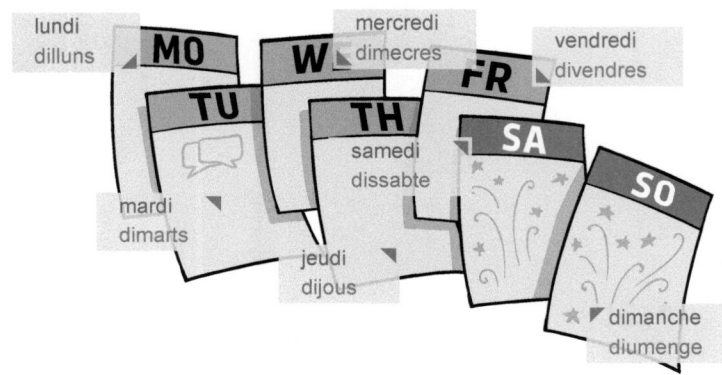

lundi / dilluns
mardi / dimarts
mercredi / dimecres
jeudi / dijous
vendredi / divendres
samedi / dissabte
dimanche / diumenge

hier
ahir

aujourd'hui
avui

demain
demà

matin
matí

midi
migdia

soir
tarda

| MO | TU | WE | TH | FR | SA | SU |
|---|---|---|---|---|---|---|
| 1 | 2 | 3 | 4 | 5 | 6 | 7 |
| 8 | 9 | 10 | 11 | 12 | 13 | 14 |
| 15 | 16 | 17 | 18 | 19 | 20 | 21 |
| 22 | 23 | 24 | 25 | 26 | 27 | 28 |
| 29 | 30 | 31 | 1 | 2 | 3 | 4 |

jours ouvrables
dia feiner

| MO | TU | WE | TH | FR | SA | SU |
|---|---|---|---|---|---|---|
| 1 | 2 | 3 | 4 | 5 | 6 | 7 |
| 8 | 9 | 10 | 11 | 12 | 13 | 14 |
| 15 | 16 | 17 | 18 | 19 | 20 | 21 |
| 22 | 23 | 24 | 25 | 26 | 27 | 28 |
| 29 | 30 | 31 | 1 | 2 | 3 | 4 |

week-end
cap de setmana

pluie
pluja

arc-en-ciel
arc de Sant Martí

neige
neu

vent
vent

printemps
primavera

automne
tardor

été
estiu

hiver
hivern

météo
pronòstic del temps

thermomètre
termòmetre

lumière du soleil
llum del sol

nuage
núvol

brouillard
boira

humidité
humiditat de l'aire

foudre

llamp

tonnerre

tro

tempête

tempesta

grêle

calamarsa

mousson

monsó

inondation

inundació

glace

gel

janvier

gener

février

febrer

mars

març

avril

abril

mai

maig

juin

juny

juillet

juliol

août

agost

septembre
................
setembre

octobre
................
octubre

novembre
................
novembre

décembre
................
desembre

cercle
................
cercle

carré
................
quadrat

rectangle
................
rectangle

triangle
................
triangle

sphère
................
esfera

cube
................
cub

blanc
blanc

jaune
groc

orange
taronja

rose
rosa

rouge
vermell

violet
lila

bleu
blau

vert
verd

marron
marró

gris
gris

noir
negre

beaucoup / peu

molt / poc

fâché / calme

emprenyat / tranquil

joli / laid

bonic / lleig

début / fin

començament / fi

grand / petit

gran / petit

clair / obscure

clar / fosc

frère / sœur

germà / germana

propre / sale

net / brut

complet / incomplet

complet / incomplet

jour / nuit

dia / nit

mort / vivant

mort / viu

large / étroit

ample / estret

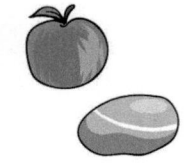

comestible / incomestible

comestible / immenjable

méchant / gentil

dolent / amable

excité / ennuyé

entusiasmat / entediat

gros / mince

gros / prim

premier / dernier

primer / darrer

ami / ennemi

amic / enemic

plein / vide

ple / buit

dur / souple

dur / tou

lourd / léger

pesant / lleuger

faim / soif

gana / set

malade / sain

malalt / sà

illégal / légal

il·legal / legal

intelligent / stupide

intel·ligent / ximple

gauche / droite

esquerra / dreta

proche / loin

prop / llunyà

nouveau / usé

nou / usat

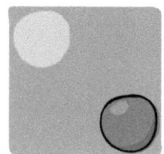

rien / quelque chose

res / quelcom

vieux / jeune

vell / jove

marche / arrêt

encès / apagat

ouvert / fermé

obert / tancat

faible / fort

silenciós / sorollós

riche / pauvre

ric / pobre

correct / incorrect

correcte / incorrecte

rugueux / lisse

aspre / suau

triste / heureux

trist / content

court / long

curt / llarg

lent / rapide

lent / ràpid

mouillé / sec

humit / sec - eixut

chaud / froid

calent / fred

guerre / paix

guerra / pau

oppositions - oposats

| **0** | **1** | **2** |
|---|---|---|
| zéro | un | deux |
| zero | u | dos |

| **3** | **4** | **5** |
|---|---|---|
| trois | quatre | cinq |
| tres | quatre | cinc |

| **6** | **7** | **8** |
|---|---|---|
| six | sept | huit |
| sis | set | vuit |

| **9** | **10** | **11** |
|---|---|---|
| neuf | dix | onze |
| nou | deu | onze |

## 12

douze

dotze

## 13

treize

tretze

## 14

quatorze

catorze

## 15

quinze

quinze

## 16

seize

setze

## 17

dix-sept

disset

## 18

dix-huit

divuit

## 19

dix-neuf

dinou

## 20

vingt

vint

## 100

cent

cent

## 1.000

mille

mil

## 1.000.000

million

milió

anglais

anglès

anglais américain

anglès americà

chinois mandarin

xinès mandarí

hindi

hindi

espagnol

espanyol

français

francès

arabe

àrab

russe

rus

portugais

portuguès

bengali

bengalí

allemand

alemany

japonais

japonès

je
jo

tu
tu

il / elle
ell / ella / allò

nous
nosaltres

vous
vosaltres

ils / elles
ells

qui?
qui?

quoi?
què?

comment?
com?

où?
on?

quand?
quan?

nom
nom

derrière

darrere

dans

en

devant

davant de

au-dessus

damunt

sur

sobre

en-dessous

sota

à côté de

al costat

entre

entre

lieu

lloc